7 MEJORES CUENTOS
COSTA RICA

Tacet Books

7 MEJORES CUENTOS
Costa Rica

Editado por
August Nemo

Editor August Nemo
Diseño de cubierta y interior Mayra Falcini
Marketing Horacio Corral

Catalogación en la Publicación (CIP)

Nemo, August (org).
N436 7 mejores cuentos - Costa Rica / August Nemo (org.)–
São Paulo, SP: Tacet Books, 2021.
49 p. : 14 x 21 cm

ISBN 978-65-89575-37-5

1. Escritos diversos en español

CDD 868

Tacet Books
Hecho en silencio
Para mentes ruidosas

www.tacetbooks.com
tacet.books@gmail.com

Índice

Introducción

La literatura costarricense surge a partir de finales del siglo XIX e inicios del siglo XX. Predomina al inicio el costumbrismo con autores como Aquileo Echeverría y Manuel González Zeledón, que conviven con el modernismo de poetas como Roberto Brenes Mesén y Lisímaco Chavarría.

Las primeras vanguardias literarias aparecen en 1900 con la creación de la revista Repertorio Americano, de Joaquín García Monge, autor de la primera novela costarricense, El Moto (1900). La década de 1940 es prolífica en escritores principalmente realistas, de gran trascendencia para la literatura nacional, con temas enfocados en lo social: Carmen Lyra, Carlos Luis Fallas, Joaquín Gutiérrez, Fabián Dobles, Yolanda Oreamuno y Carlos Salazar Herrera.

En la literatura costarricense se destacan sus poetas (Isaac Felipe Azofeifa, Julián Marchena, Jorge Debravo, Eunice Odio y Julieta Dobles, entre otros), sus historiadores (Cleto González Víquez, Rafael Obregón Loría, Ricardo Fernández Guardia y Carlos Meléndez Chaverri) y sus ensayistas (Moisés Vincenzi, León Pacheco, Rodrigo Facio, Carlos Monge Alfaro, etc). En la década de 1960, una nueva generación de escritores introduce la temática urbana en la literatura nacional: Alberto Cañas, José León Sánchez y Carmen Naranjo.

Generaciones más recientes han dedicado su obra a expresar su desencanto por el sistema: Rafael Ángel Herra, Fernando Contreras, Fernando Durán, Tatiana Lobo, y Anacristina Rossi. El siglo XXI introduce temáticas como la exploración de temas complejos de la sociedad actual (feminisimo, aborto, suicidio, pedofilia, explotación sexual, drogas), la literatura de ciencia ficción, fantasía épica, novela negra y terror, con autores como Catalina Murillo Valverde, Mirta González Suárez, Alí Víquez, entre otros.

El secreto de Lelia

Carlos Gagini

Un mes después de publicada en una revista la verídica relación que con el título de *Espiritismo* aparece en este volumen, recibí de Guatemala una carta, escrita con caracteres menudos y aristocráticos, cuyo contenido causará en el lector la misma sorpresa que a mí me produjo. La copio textualmente:

«Muy señor mío: Como esas flores marchitas que escondidas entre las hojas de un libro evocan en nuestro ánimo toda una historia de amor, así el artículo que usted dedicó a mi pobre Raúl ha hecho revivir en mi memoria un pasado melancólico que en vano he tratado de cubrir con la losa del olvido. A usted que fue su mejor, acaso su único amigo, puedo confiarle mi secreto sin temor de que lo juzgue pueril o ridículo. Soy árabe, me llamo Lelia y nací en Esmirna. Mi padre, después de poseer grandes riquezas que le permitieron darme en París esmerada educación, perdió de golpe toda su fortuna y murió casi al mismo tiempo que mi madre, dejándome al cuidado de un amigo íntimo suyo, hombre de edad madura, acaudalado, instruido y bondadoso.

En compañía de mi tutor viajé por Suiza, Italia y España, y en este último país ocurrieron los dos sucesos que trazaron el rumbo de toda mi vida. Fué el primero mi casamiento. Mi protector se enamoró de mí, y no pude negarle mi mano. ¿Cómo pagar con una cruel negativa la solicitud de aquel hombre generoso que había sido para mí el mejor de los padres? Era yo entonces casi una chiquilla, ignorante del mundo y con la mente poblada de extrañas fantasías. De temperamento apasionado y vehemente, me había forjado acerca del amor una peregrina teoría: creía que Dios encarnaba en cada individuo apenas la mitad de una alma, colocando la otra en una persona del sexo contrario, y que cuando esos dos seres se encontraban frente a frente, atraídas por irresistible afinidad las dos porciones se fundían, se soldaban de un modo indisoluble y resultaban así los matrimonios perfectos. ¿Dónde habitaba, pues, la otra mitad de mi alma? ¿Estaba yo condenada a no encontrarla nunca? ¡Cuán pronto ¡ay! y cuán tarde salí de mi error!

En extremo aficionada a la lectura, nunca dejaba de hacer buen acopio de libros en cada una de las ciudades que visitaba. Sola en una fonda de Madrid –mi marido estaba en Toledo– leí una noche un tomo de versos comprado el mismo día; lo leí de un tirón, trastornada y febril. ¿Qué mágico hechizo ejercieron sobre mí aquellas estrofas apasionadas, candentes, para disipar de un soplo la serena placidez de mi existencia, arruinando mi felicidad para siempre? ¿Por qué singular prodigio, a mil leguas de distancia, en Costa Rica, país hasta entonces desconocido para mí, pudo un hombre interpretar tan fielmente mis sentimientos, mis ideales, mis pensamientos más recónditos? ¿Por qué la hermosa y varonil figura del poeta, cuyo retrato vi en la primera página, me fascinó como si fuera el complemento de mi ser, el único mortal a quien yo habría amado como saben hacerlo las mujeres de mi raza?

Puro romanticismo, locuras de colegiala, pensarán los escépticos; pero yo opino que en todo ello anduvo un poder misterioso, la fatalidad o la Providencia. ¿Quiere usted una prueba? Al día siguiente, al regresar de su viaje mi esposo, sus primeras palabras fueron éstas: He resuelto hacer grandes compras de café y el mes entrante partiremos para Costa Rica. Aun ahora mismo me admiro de que no advirtiera en mi silencio y en mi semblante la espantosa conmoción que esas sencillas palabras me produjeron.

Llegamos allá y fijamos nuestra residencia en un pueblo pintoresco en donde me encerré, resuelta, como esposa que sabe cumplir sus deberes, a evitar las ocasiones de encontrarme con él; pero el Destino hizo que él llegara hasta mi retiro, y una fuerza irresistible me llevó a su presencia. Nos conocimos, nos miramos, nos adoramos. No soy hipócrita. Hay en mi alma tanta altivez como franqueza; pues bien, si aquel domingo inolvidable hubiese llegado Raúl hasta mí... no sé, no quiero pensarlo, no me atrevo siquiera a imaginarlo... Pero partió al siguiente día y le esperé en vano, y con la ausencia volví a la razón y me detuve al borde del abismo. Yo misma aconsejé a mi esposo que nos trasladáramos a Guatemala y él accedió sin sospechar siquiera lo heroico de mi sacrificio.

Nos embarcamos en el *Alexander*, y como este vapor se hundió pocos días después de habernos dejado en Puerto Barrios, es explicable el error de Raúl al suponer que habíamos perecido en el naufragio.

En San José de Guatemala nació mi hija Olga y allí murió diez años más tarde mi marido. ¿Por qué entonces, ya libre, no pensé en volver a Costa Rica, puesto que el corazón me decía que *él* no me había olvidado ni me olvidaría jamás?

Al cabo de veinticinco años de ausencia le vi otra vez: pasó por mi calle, sin sospechar que me tenía tan cerca. Cuando volvió de la capital al puerto para regresar a su patria no pude resistir a la tentación de verle por última vez y fui por la noche a bordo.

Olga es mi vivo retrato. Yo la enseñé a amar al poeta al través de sus versos, y aleccionada por mí representó la escena que usted conoce. Mi conducta en aquella ocasión parecería extraña a quien no sabe los secretos de las almas femeniles. ¿A qué romper el encanto de nuestro mútuo ensueño, presentándome envejecida a los ojos del que me había amado joven y bella? ¿No era preferible ocultarme como se ocultan los pájaros para morir? Mas al separarnos para siempre necesitaba saber si yo vivía aún en su recuerdo, si podía acariciar en mis últimos años la ilusión de ser amada, adorada como nadie lo ha sido nunca. Y realicé mi deseo, y escondida en la sombra lloré de felicidad al ver a Raúl absorto, paralizado ante la aparición que él creía ser la misma de otro tiempo ya distante.

Raúl murió pensando en mí, como yo moriré contemplando sus hermosos ojos al cerrar para siempre los míos. ¿Podrán igualar nunca los goces del amor sensual a los de este otro amor purísimo, abrasador e inextinguible? Ya ha oído usted mi confesión. En cuanto a la enlutada que vió usted en la estancia mortuoria, si no fué una alucinación muy natural en tales circunstancias, pudiera tener una explicación más sencilla, aunque para mí más dolorosa. ¡Era Raúl tan digno de ser amado!»

Hasta aquí la extraña epístola. Posteriormente, hallándome de paseo en Guatemala, quise conocer a Lelia. Ni en la capital ni en el puerto de San José pudieron darme noticia alguna de ella ni de su marido. Mas aún: las autoridades de Puerto Barrios me certificaron que el vapor *Alexander* en su último viaje NO HABÍA DESEMBARCADO NINGUN PASAJERO EN AQUELLA CIUDAD.

Tío Conejo Comerciante

Carmen Lyra

Una vez tío Conejo cogió una cosecha que consistía en una fanega de maíz y otra de frijoles y como era tan maldito, se propuso sacar de eso todo lo que pudiera.

Pues bueno, un miércoles muy de mañana se puso su gran sombrero de pita, se echó el chaquetón al hombro y cogió el camino. Llegó donde tía Cucaracha y tun, tun. Tía Cucaracha, que estaba tostando café, salió cobijándose con su pañuelo para no pasmarse.

-¿Quién es? ¡Adiós trabajos! ¡si es tío Conejo! ¿Qué se le ofrece? Pase pa dentro y se sienta -y tía Cucaracha limpió la punta de la banca con su delantal.

-Aquí no más- contestó tío Conejo -si vengo de pasadita a ver si quiere que tratemos. ¿Qué le parece que vendo una fanega de maíz y otra de frijoles en una onza y media? ¡Báileme ese trompo en la uña! Regaladas, tía Cucaracha, pero la necesidá tiene cara de caballo.

-Pues ai vamos a ver, tío Conejo. Si me decido, allá llego.

-No, no, tía Cucaracha. Si se decide es ya, porque si no voy a buscar otro. Vine aquí de primero por ser usté. Y si se decide, llegue a casa el sábado como a las siete de la mañana, porque yo tengo que bajar a la ciudá.

-¡Qué caray! Hago el trato y allá llego el sábado con mi carreta. Pero no se vaya. Ahorita está el café y tengo un tamal asado que acabo de sacar.

Tío Conejo se sentó y al poco rato estaba allí tía Cucaracha con un buen jarro de café acabadito de chorrear y una gran ración de tamal asado.

Con ese puntalito entre el estómago, siguió tío Conejo su camino. Llegó donde tía Gallina y tun, tun.

-¿Quién es? gritó desde adentro tía Gallina, que estaba enredada con el almuerzo.

-Yo, tío Conejo, que vengo a ver si hacemos un trato.

-Pase pa dentro y se sienta. A ver, ¿qué es el trato?

-Es que vendo una fanega de maíz y otra de frijoles en onza y media. ¡Vea qué mamada! Como quien dice, echar el maicillo y los frijoles a la calle... Pero estoy en un gran aprieto y tengo que venderlos por esa miseria. Me vine derecho a buscarla, tía Gallina, porque al fin y al cabo somos buenos amigos y uno debe preferir a los amigos.

Tía Gallina fue a volver la tortilla al comal, y mientras fue y vino, pensó que era un buen negocio y prometió a tío Conejo ir el sábado como a las ocho con su carreta, por el maíz y los frijoles. También le dió un queso hecho en la casa para que probara.

Tío Conejo siguió su camino y llegó donde tía Zorra que estaba pelando unos pollos.

-¡Hola, tía Zorra! ¿Qué hace Dios de esa vida?

-¡Pero hombre, tío Conejo! ¡Buenas patas tiene su caballo! Pase adelante, pase adelante y ahorita almorzamos.

Tío Conejo entró y propuso el negocio del maíz y de los frijoles a tía Zorra, metiéndole una larga y otra corta: que la había preferido a todos y que por aquí y por allá, y que si se decidía, llegara como a las nueve el sábado, porque él tenía que bajar a la ciudad. Tía Zorra dijo que bueno, y prometió llegar el sábado con su onza y media donde tío Conejo.

Después que dió una gran almorzada, tío Conejo se despidió y siguió su camino. Llegó donde tío Coyote, que estaba quitando del fuego una gran olla de conserva de chiverre.

-¡Upe! Tío Coyote. ¿Cómo le va yendo?

-¡Dichosos ojos, tío Conejo! Vale más llegar a tiempo que ser convidado. Entre pa dentro y prueba esta conservita que está muy rica.

Mientras se comía su plato de conserva, tío Conejo ofreció sus fanegas de maíz y de frijoles a tío Coyote por onza y media. En seguida cerraron el trato y tío Coyote quedó en llegar por ellas el sábado como a las diez de la mañana, con su carreta.

Tío Conejo se despidió y siguió adelante. Llegó a casa de tío Tirador, que estaba en el corredor aceitando su escopeta.

-Tío Tirador, aquí vengo a que crea que he perdido los bartolos, a ofrecerle una fanega de maíz y otra de frijoles en onza y media. ¡Un disparate! Pero es que ando cogiéndolas del rabo con una jaranilla que me ha caído encima.

Tío Tirador trató, y quedó de llegar el sábado con sus dos mulas, por el maíz y los frijoles. Tío Conejo le propuso que llegara como a medio día, porque en la mañana tenía que estar en la ciudad, de precisa, y no volvería a casa sino hasta por ahí de la una.

Luego tío Conejo regresó a su casa. El sábado se levantó de mañanita y se sentó en la tranquera. Apenas había salido el sol, cuando vió venir a tía Cucaracha con su carreta.

Tío Conejo la hizo llevar la carreta detrás de la casa. Le enseñó el maíz y los frijoles; tía Cucaracha sacó del seno el pañuelo en que traía anudado el dinero, lo desanudó y puso en manos del vendedor la onza y media.

El muy labioso de tío Conejo invitó a entrar a tía Cucaracha, descolgó la hamaca que estaba prendida de la solera de la sala y le dijo: -Venga, tía Cucaracha, y se da una mecidita mientras se fuma este puro habano. Y tía Cucaracha se echó en la hamaca y se puso a fumar.

Tío Conejo estaba para adentro y para afuera. De pronto apareció con las manos en la cabeza.

-¡Tía Cucaracha de Dios! Allá viene tía Gallina, y es para acá.

-¡No diga eso, tío Conejo! -dijo tía Cucaracha tirándose de la hamaca-. ¡Dios libre sepa que estoy aquí! ¡Escóndame por vida suyita, tío Conejo! Ya me parece que estoy en el buche de tía Gallina.

Tío Conejo la escondió entre el horno y salió a recibir a tía Gallina, a la que hizo llevar la carreta al galerón, le enseño las fanegas de maíz y de frijoles y recibió la onza y media. Después por señas la hizo asomarse al horno y tía Gallina se va encontrando con mi señora tía Cucaracha, que pasó a su buche en un decir amén. En seguida la llevó a la sala, la hizo subir a la hamaca y aceptar un puro habano.

Cuando tía Gallina estaba en lo mejor, meciéndose y fumando, entró tío Conejo con las manos en la cabeza: -¿Tía Gallina de Dios? ¿Adivíneme quién viene allí no masito?

-¿Quién, tío Conejo?

-Pues tía Zorra, y no sé si es por usté o por mí.

-Por mí, tío Conejo. ¿Por quién había de ser? ! Escóndame por vida suya! -Y la pobre tía Gallina, más muerta que viva, corría de aquí y de allá sin saber qué camino tomar.

Tío Conejo la escondió en el horno y salió a recibir a tía Zorra. La llevó a dejar la carreta en el potrero, para que no viera las otras, recibió su onza y media y en lo demás hizo como antes. Le señaló el horno con mil malicias y tía Zorra se zampó a tía Gallina. Mientras se estaba meciendo en la hamaca y fumándose su puro habano, tío Conejo estaba como una lanzadero, para adentro y para afuera. En una de tantas, entró haciéndose el asustado:

-!Tía Zorra de Dios! ¿Adivine quién viene para acá?

Tía Zorra pegó un brinco-. ¿Quién, tío Conejo?

-Pues tío Coyote... Y no se sabe si es por usté o por mí.

-¡Ah, tío Conejo más sencillo! ¿por quién había de ser si no por mí? ¡Escóndame y Dios quiera no me huela!

Tío Conejo la escondió en el horno y salió a recibir a tío Coyote. Después que éste le entregó la onza y media, lo llevó a la sala.

-Echese en la hamaca, tío Coyote, y descansa. Mientras tanto fúmese este purito habano. No hay que apurarse por nada. ¡Adió! De repente, cuando uno menos lo piensa llega la Pelona y adiós mis flores, se acabó quien te quería. Yo por eso nunca me apuro por nada.

Así que se fumó el puro, tío Conejo le dijo al oído:
-Vaya y dese una asomadita al horno y verá la que le tengo allí. -Fue tío Coyote y halló a tía Zorra haciendo zorro. En un momento la dejó difunta y se la comió. Estaba todavía relamiéndose, cuando entró tío Conejo:

-¡Tío Coyote de Dios! ¿Adivíneme quién viene allí no más?

-Diga, tío Conejo- contestó tío Coyote asustado al ver la cara que hacía tío Conejo.

-¡Pues tío Tirador, con así fusil! Y no se sabe si es por usté o por mí.

-¡Ay, tío Conejo! ¡Ese viene por mí, porque me lleva una gana! Escóndame, por la que más quiera.

-Pues métase entre ese horno y yo cierro la puerta.

Tío Coyote se metió, con el corazón que se le salía y tío Conejo se fue a la tranquera a recibir a tío Tirador.

-Ya creí que no venía, tío Tirador -dijo el muy sepulcro blanqueado-. Pase, pase y descansa en esa hamaca, que debe de venir muy rendido. Fúmese este purito habano y luego viene a ver su maíz y sus frijoles.

Cuando tío Tirador hubo descansado, tío Conejo le dijo al oído:

-Prepare la guápil, tío Tirador, y vaya a darse una asomadita por el horno.

Así lo hizo tío Tirador, quien se va hallando con tío Coyote que estaba con las canillas en un temblor. Tío Tirador apuntó y ¡Pun! ..., ¡Adiós, tío Coyote! ...

Después fueron a cargar en las mulas el maíz y los frijoles, y así fue como éste fue el único comprador que recibió la cosecha de tío Conejo, quien cobró sisete onzas y media por una fanega de maíz y otra de frijoles, y se quedó con cuatro carretas y cuatro yuntas de bueyes y muy satisfecho de su mala fe.

Cuando terminaba este cuento la tía Panchita, siempre añadía con tristeza: -¡Achará que tío Conejo fuera a salir con acción tan fea! Yo más bien creo que fue tía Zorra y que quien me lo contó se equivocara... porque tío Conejo era amigo de dar qué hacer, pero amigo de la plata y sin temor de Dios, eso sí que no.

El más viejo de la aldea

Rafael Angel Troyo

Una tarde de los primeros días de nuestra temporada de verano, en que los niños conversábamos en el balcón de nuestra casita blanca de la aldea; por el sendero que poblaban rumorosos cipreses y sauces umbríos, venía pasito a paso, cojeando, cojeando, un viejecito muy viejo y muy encorvado, de nevados y luengos cabellos, y de barba florida y larga, que le daba el aspecto de un anciano mago de un cuento Oriental. Todos miramos con curiosidad y respeto a aquel anciano, que apoyado en un grueso bordón, pasaba sonando sus pesados zuecos de madera, y que sin mirarnos, seguía su camino como si estuviese fastidiado de ver nidos en los balcones de las casas.

Mis hermanitas dijeron entonces: ¡Pobrecito el viejecito que de tan viejo se va a morir!... Y nosotros los hombres nos reímos de los zuecos que chocleaban al andar...

Al día siguiente, y a la hora en que el crepúsculo doraba la silenciosa campiña, por el sendero que llenaban con sus gemidos los sauces y cipreses, venía el viejecito más viejo de la aldea. Aquella tarde no iba solo, una chiquilla le acompañaba sirviéndole de blando sostén a su cansado cuerpo. Qué bonita era la niña con sus ojillos morenos y picarescos, sus cabellos brunos y su pequeña boca de fresa, y que buena se veía con su sencillo trajecito de blanco percal. Al pasar bajo la alegría del balcón, nos miró a todos sonrientes, como si quisiese tenernos por amigos. No habla duda, la muchachita debía ser nieta del viejecito, si, del viejecito que se iba a morir, como desde entonces lo llamamos.

Después supimos muchas cosas, entre otras: que el buen hombre se llamaba don Joaquín, que había sido maestro de escuela de la aldea durante muchos años, y que ahora, y en una ruinosa casa, olvidado de todos, vivía tan solo con el cariño de la querida nietecita de su alma, que desde muy pequeña había sentido también la amarga, tristeza de la horfandad...

Y a medida que transcurría el tiempo, el viejecito que se iba d morir se volví a más arrugado y más achacoso, mientras que la niña se ponía hermosa y sonrosada, como una manzana.

Y los días siguieron para nosotros con el delicioso encanto de los cuentos de brujas y de magos, en tanto que el otoño doraba las hojas de los árboles, las flores se marchitaban y los pájaros en bulliciosas bandadas se iban, se iban lejos... Y *el viejecito que se iba a morir*e tornaba pálido y frágil corno una hoja de ese otoño que se llevaba en sus alas el viento helado y zumbador.

Una tarde, la última de nuestras bellas tardes en la aldea, y cuando los niños reíamos haciendo fiesta de nuestra alegría, vimos a lo lejos un cortejo fúnebre que lentamente avanzaba por el sendero de los sauces y cipreses. Las campanas de la ermita doblaban con eco lastimero; y en el cielo todo negro, había una tristeza infinita...

—¿Quién habrá muerto? pregunté; una de las niñas repuso: —De seguro que ha sido *el viejecito que se iba a morir.* Y todos dijimos, sí, debe ser el viejecito porque ya no podía con la carga de sus años. Pobrecita la niña – agregó otra de mis hermanitas – ¡qué solita se va a quedar!

Pero a poco vimos que el ataúd que tratan en hombros los melancólicos aldeanos, era un ataúd blanco y pequeño, y detrás llorando, llorando mucho, todo encorvado y tembloroso, iba *el viejecito que se iba a morir...*

La perla negra

Ricardo Fernández Guardia

La primera persona con quien tropecé al entrar en la venta de la famosa colección Samuel fue con Vilers. Andaba husmeando, según él mismo me dijo; asistía como tantos otros allí presentes, a la batalla de billetes de banco empeñada entre algunos barones de la alta finanza y media docena de yankis, tan ricos como entendidos en el negocio de tocino y carnes saladas.

—Dime si no es una lástima —exclamó Vilers, tuteándome como lo tenía de costumbre con los pollos del club— que estos alcornoques se lleven semejantes maravillas a sus ridículos *homes* de ultramar; que este admirable esmalte de Limoges verbigracia, vaya a ser colocado en el salón de Mr. Jonathn, junto a un pajarraco disecado. Yo he visto en mi viaje por los Estados Unidos, visto con mis propios ojos, cuadro auténtico de Meissonier haciendo *pendant* al retrato de un enano célebre...

—¿Y cree V. que todas estas preciosidades estarán mejor en las manos de los hijos de Israel?

—Sí; a pesar de la antipatía que por ellos tengo, los prefiero mil veces a los yankis. Porque el judío —me refiero al judío culto— es muy sensible al arte, y algunos de ellos han despuntado en él; díganlo Meyerbeer, Heme y otros más. Mientras que un yanki compra tan sólo por fachenda, por mostrar que tiene dinero.

Vilers era tremendo en su odio por los hijos de la América del Norte. Los detestaba cordialmente, más que a los ingleses, casi tanto como a los alemanes. Era uno de esos entusiastas que creen en la superioridad incontestable de la raza latina: un convencido. Cada vez que se enteraba de la salida de algún cuadro con destino a las playas de la gran república, su cólera era tan grande que le producía una recrudecencia de la gota. Vílers era lo que se ha convenido en llamar un tipo. Sus ideas estaban muy lejos de ser las del común de las gentes. Dotado de una agudeza de espíritu muy original, tenía una manera de ver y juzgar las cosas esencialmente suya. Lo que a Vilers se le ocurría a propósito de este o de otro asunto, con seguridad que nadie más lo pensaba igual. No se le conoció más que una manía: el continuo lamentarse de la desaparición del tiempo viejo, que siempre juzgaba superior al presente; y así esmaltaba de continuo su conversación con frases como éstas: «uno de aquellos pintores como ya no se encuentran»; «un hombre de esos que ya no se ven». Por lo demás un buen vividor: jovial, escéptico y basta con sus ribetes de calavera, con todo y los sesenta años que frisaba. Tenía Vilers otra cualidad por la cual era muy rebuscado donde quiera que se hallase: era un *causeur* admirable. A un caudal inagotable de anécdotas preciosas, añadía un decir encantador y lleno de seducción que embelesaba al auditorio. Físicamente era Vilers un viejecito coquetóu y regordete. Acostumbraba afeitarse coda la cara a usanza añeja, y sus trajes tenían cierto corte que recordaba vagamente las modas del tiempo del rey burgués Luis Felipe de Orleans.

Vilers sabía de todo un poquito, pero ci arte era su fuerte, fundándose en este conocimiento que todos en él reconocían su mayor vanidad. Era un verdadero pontífice en materias artísticas y sus juicios lleno de inteligencia y fina penetración, habían decidido en más de un caso del porvenir de jóvenes principiantes.

Charla charlando habíamos ido recorriendo las diversas piezas en que se hallaba expuesta la famosa coteccíón Samuel, sacada en venta por la súbita ruina de su dueño, uno de los príncipes de la Banca, barón israelita cien veces millonario. Al llegar al sitio donde estaban expuestas las alhajas me dijo Vilers:

—Voy a confiarte el verdadero motivo que me ha hecho venir aquí, porque ya sabes que aborrezco estas almonedas vergonzosas... No puedo con ellas, me enferman.

—En efecto, había extrañado verle usted aquí.

—La curiosidad, más poderosa que mis nervios, es la que me ha traído. He venido tan sólo por ver una perla que ha de hallarse en esta maravillosa colección; una perla negra... Mírala allí, justamente; allí, en medio de esas dos esmeraldas... No cabe duda, es la misma.

—¡Qué linda es!

—Tan linda que no creo exista otra igual.

—¿Y desea Ud. adquirida?

—Dios me guarde de cometer semejante locura. Si me la regalasen no la admitiría.

—Pues yo no vacilaría un instante.

—Fiarías una barbaridad imperdonable.

—¿Cómo así?

—Esa perla está maldita.

—Bah, qué disparate.... ¿Habla Ud. en serio?

—Más de lo que te imaginas. Entre las muchas catástrofes de que ha sido causa esa perla, se cuenta la muerte de dos de las mujeres más guapas que yo he conocido.

—Como no me ponga Ud. los puntos sobre las íes no le creeré.

—Tienes razón, porque el caso es extraordinario... Acompáñame a comer y te lo contaré.

Convidar a comer a sus amigos era uno de los mayores placeres de Vilers, que en su calidad de solterón experimentaba a menudo el horribɪe tedio de la soledad en la mesa.

Nos encaminamos a casa de Voisin. Mi anfitrión, dictado que hubo la lista, abundante y suculenta, comenzó a decir:

—Si hubieras conocido a Blanca Raymond, comprenderías mejor la suma de fatalidad y desgracia que encierra esta preciosa joya. ¡Blanca Raymond! ¡qué muchacha tan soberanamente bella! Una mujer de lo que ya no hay. Aun me parece estar viendo aquellos ojos azules, húmedos y resplandecientes; dos zafiros dignos de la corona de un rey oriental. ¿Y los dientes? Imagínate dos hilos de perlas hechos para el brazo de una muñeca y puestos en un estuche encarnado, y tendrás una débil ficción de lo que eran aquellos dientes que hubiera envidiado un cachorro. Pero lo mejor era la cabellera, rubia como los trigos, ondulante y sedosa, que al desprenderse del peine bajaba hasta las corvas como una cascada de hebras doradas.

Blanca fue la más hermosa de todas esas grandes sacerdotisas del amor que brillaron durante los mejores días del Segundo Imperio. ¿Qué deseó que no lo tuviera en abundancia? Diamantes, caballos, palacios, cuadros soberbios, todo lo más rico y espléndido de este mundo lo llevaba ante sus altares una turbamulta de adoradores regios. Y ella nada agradecía, todo lo menospreciaba: era de raza... Un corazón de pedernal.

Rara vez tuvo algún capricho, porque sus esclavos no le daban tiempo para ello. Sin embargo, la noche de un estreno famoso en la Opera sintió uno tan vivo, que estuvo en un tris de caer en síncope por la violencia del deseo unida al enervamiento que le causaba los aplausos de los unos y los pitidos de los otros.

Había visto, pendiente del cuello de lady M... un collar de siete hilos de perlas, diez veces más rico que todos los suyos juntos. ¡Virgen santa, qué perlas! La negra sobre todo, la negra. ¡Y qué contraste tan encantador hacía en medio de sus compañeras blancas! Eso sí que era espléndido... El collar valía una fortuna, ciertamente; pero no faltaría quien se lo quisiera comprar. ¡Vaya si no faltaría! Lo arduo del asunto no estribaba en el precio; eso lo menos. La dificultad estaba en que la noble lady se resolviese a vender una alhaja que a más de ser espléndida, tal vez única, era el regalo de bodas de su marido... Vamos, un imposible.

Pero es de creerse que Blanca había venido al mundo con el sino de no tropezar con ninguno. Si hubiese deseado una corona no habría faltado un monarca que a sus pies depositara la suya. Quiso que lord M... la amase y así fue; que por ella faltara a las conveniencias, a la dignidad, la honor, a todo en fin, y lo consiguió también. Un día le dijo: «Quiero el collar de perlas de tu mujer», y aquel duque y par de Inglaterra, por cuyas venas corría sangre de reyes, se convirtió en ladrón por complacerla. La pobre duquesita que adoraba a su marido, no pudo sobrellevar este último golpe y se tomó un veneno. Conque ve apuntando desgracias.

—¿Qué clase de mujer era lady M...?

—Un ángel y muy hermosa además; eso sí en extremo romántica y apasionada; su muerte lo prueba. Excuso decirte que el marido tuvo que dejar inmediatamente el puesto que ocupaba en la Embajada Inglesa y desde entonces no se le ha vuelto a ver en ninguna parte. Por lo que hace a Blanca no le impresionó poco ni mucho la catástrofe causada por su insano capricho. Más enamorada que nunca de la famosa perla, se echó a buscar una igual para hacerse un par de zarcillos.

—Y la encontró, por supuesto.

—Pues, como se hubiera empeñado mucho, de fijo que la consigue; pero el sucesor de lord M..., un marqués italiano, asustado por la dificultad de la empresa, diplomático y artero como lo saben ser sus compatriotas, logró convencerla de que sería mucho más original y bonito llevar en una oreja la negra y en la otra una blanca de iguales dimensiones. Seducida por la idea, Blanca siguió el consejo. Por donde puedes ver que lo de más vale maña que fuerza es una verdad como un templo.

No pasó mucho tiempo sin que la influencia de la maldita perla se manifestara de nuevo; y esta vez de la manera más extravagante. Blanca, la del corazón de hielo, se enamoró locamente. ¿De quién me preguntarás? ¿De un buen mozo, de un nabab, de un tenor, de un artista? Esto era casi lo natural; pues nada, amigo mío; le dio la ventolera de chiflarse por un arqueólogo, hombre sapientísimo, con su mezcla de explorador y aventurero; sujeto raro que gastaba levita verde y gafas azules.

—¡Qué atrocidad!

—Ahí verás. Pero lo más gracioso del caso fue el azoramiento del grave académico de la de Ciencias, cuando se vio perseguido y asediado por la hermosa impura, como él solía llamarla. De la noche a la mañana puso tierra de por medio, agregándose a una expedición científica que por esos días salía en busca de las fuentes del Nilo... ¡Pobrecillo! En su ignorancia de sabio se imaginaba que esto sería lo bastante para escapar de las garras de una mujer encaprichada. El día que zarpó el barco en que los expedicionarios se proponían remontar el Nilo hasta donde fuera posible, se apareció Blanca ante los ojos espantados de su arqueólogo, vestida con un lindo traje de explorador africano. Nada le faltaba; ni la carabina de repetición ni el revólver de fuerte calibre.

—¿Y la perla?

—En la oreja derecha, como siempre.

—Los detalles de esa expedición deben ser divertidísimos. Supongo que el sabio arqueólogo concluiría por dejarse querer.

—Sólo Dios sabe lo que allí pasó, porque a la expedición se la llevó el diablo. Nadie ha vuelto a saber más de ella. En algún periódico se dijo al cabo de mucho tiempo que los exploradores habían sido devorados por ciertos negros antropófagos. ¡Pobre Blanca!... ¡qué buen bocado sería!

—¡Es posible! ¿Y cómo se explica que la perla negra se haya vuelto a encontrar?

—Lo ignoro. Lo único que he podido averiguar a fuerza de indagaciones es que fue vendida hace algunos años en El Cairo por un traficante de esclavos que sin duda la trajo del centro de África. La compró entonces un poderoso bajá, que poco tiempo después moría envenenado por una de sus mujeres. Luego aseguran que vino a manos del Jedive... Estando aún en su poder ocuparon los ingleses la tierra de Egipto.

—¡Diablo! Voy creyendo ya que tenía usted razón al asegurar que está maldita.

—No lo dudes. Aquí donde me ves, gracias al conocimiento que tengo de la dichosa perlita, pude salvar no ha mucho a un antiguo amigo de la desgracia inevitable que le aguardaba. Tú debes conocerlo, el barón de N...

—Perfectamente.

—Recordarás entonces que él era nuestro plenipotenciario ante el Jedive durante los días aciagos del bombardeo de Alejandría. Pues tan agradecido quedó aquel soberano de sus buenos oficios, que entre otras cosas lo obsequió...

—¿La perla negra?

—Justo. Dichosamente pronto regresó a París, y enterado yo del regalo del Jedive me entró una sospecha, manifesté deseos de ver la perla y la reconocí en el instante. El barón de N... es un hombre juicioso y prudente; oyó mi consejo y se deshizo de tan peligrosa alhaja. Por último, después de haber pasado por diversas manos le echó la zarpa este judío Samuel para su colección. De esto no hace aún dos años y ya tienes al judío Samuel arruinado, que es lo peor que le puede suceder a un judío... Ahora voy a referirte antecedentes de esa perla. Perteneció a uno de los más opulentos rajás de la India, destronado y muerto por los ingleses. Luego fue vendida en Bombay a un general escocés que pereció en un accidente de ferrocarril al llegar a su casa después de veinte años de ausencia. Y por fin a los herederos de este general la compró en una suma lord M... para su regalo de bodas.

—Todas estas cosas son verdaderamente extraordinarias. ¿Por qué no publica usted esta relación interesantísima?

—Me guardaré muy bien de semejante pecado. Nadie daría crédito a mi relato; y sin embargo, nada más verdadero... Además ahora medito una venganza... Lo probable es que alguno de esos mineros enriquecidos, a quienes detesto, compre la perla, y entonces, ruina segura. ¡El arte

La esperanza de Vilers salió fallida. Ninguno de los yanquis ofreció nada por la perla negra. La compró un desconocido que, según me han asegurado después, era el hombre de negocios de un príncipe que acaba de perder la corona.

El clis de sol

Manuel González Magón

No es cuento, es una historia que sale de mi pluma como ha ido brotando de los labios de ñor Cornelio Cacheda, que es un buen amigo de tantos como tengo por esos campos de Dios. Me la refirió hará cinco meses, y tanto me sorprendió la maravilla el no comunicarla para que los sabios y los observadores estudien el caso con el detenimiento que se merece.

Podría tal vez entrar en un análisis serio del asunto, pero me reservo para cuando haya oído las opiniones de mis lectores. Va, pues, monda y lironda, la consabida maravilla.

Ñor Cornelio vino a verme y trajo consigo un par de niñas de dos años y medio de edad, como nacidas de una sola "camada" como él dice, llamadas María de los Dolores y María del Pilar, ambas rubias como una espiga, blancas y rosadas como durazno maduro y lindas como si fueran "imágenes", según la expresión de ñor Cornelio. Contrastaban la belleza infantil de las gemelas con la sincera incorrección de los rasgos fisionómicos de ñor Cornelio, feo si los hay, moreno subido y tosco hasta lo sucio de las uñas y lo rajado de los talones. Naturalmente se me ocurrió en el acto preguntarle por el progenitor feliz de aquel par de boquirrubias. El viejo se chilló de orgullo, retorció la jetaza de pejibaye rayado, se limpió las babas con el revés de la peluda mano y contestó:

-¡Pos yo soy el tata, más que sea feo el decilo! No se parecen a yo, pero es que la mama no es tan pior, y pal gran poder de mi Dios no hay nada imposible.

-Pero dígame, ñor Cornelio, ¿su mujer es rubia, o alguno de los abuelos era así como las chiquitas?

-No, señor; en toda la familia no ha habido ninguno gato ni canelo; todos hemos sido acholaos.

-Y entonces, ¿cómo se explica usted que las niñas hayan nacido con ese pelo y esos colores?

El viejo soltó una estrepitosa carcajada, se enjarró y me lanzó una mirada de soberano desdén.

-¿De qué se ríe, ñor Cornelio?

-¿Pos no había de rirme, don Magón, cuando veo que un probe inorante como yo, un campiruso pion, sabe más que un hombre como usté que todos dicen qu'es tan sabido, tan leído y que hasta hace leyes onde el Presidente con los menistros?

-A ver, explíqueme eso.

-Hora verá lo que jue.

Ñor Cornelio sacó de las alforjas un buen pedazo de sobado, dio un trozo a cada chiquilla, arrimó un taburete, en el que se dejó caer satisfecho de su próximo triunfo, se sonó estrepitosamente las narices, tapando cada una de las ventanas con el índice respectivo, restregó con la planta de la pataza derecha limpiando el piso, se enjugó con el revés de la chaqueta y principió su explicación en estos términos:

-Usté sabe que hora en marzo hizo tres años que hubo un clis de sol en que se oscureció el sol en todo el medio; bueno, pues, como unos veinte días antes Lina, mi mujer, salió habelitada de esas chiquillas. Dende ese entonces le cogió un desasosiego tan grande que aquello era cajeta: no había cómo atajala, se salía de la casa de día y de noche, siempre ispiando pal cielo; se iba al solar, a la quebrada, al charralillo del cerco, y siempre con aquel capricho y aquel mal que no había descanso ni más remedio que dejala a gusto. Ella había sido siempre muy antojada en todos los partos. Vea, cuando nació el mayor jue lo mesmo; con que una noche me dispertó tarde de la noche y m'hizo ir a buscarle cojoyos de cirgüelo macho. Pior era que juera a nacer la criatura con la boca abierta. Le truje los cojoyos; endespués otros antojos, pero nunca la llegué a ver tan desasosegada como con estas chiquitas. Pos hora verá, como l'iba diciendo, le cogió por ver pal cielo día y noche, y el día del clis de sol, qu'estaba yo en la montaña apiando un palo pa un eleje, es qu'estuvo ispiando el sol en el breñalillo del cerco dende buena mañana.

Pa no cansalo con el cuento, así siguió hasta que nacieron las muchachitas estas. No le niego que a yo se m'hizo cuesta arriba el velas tan canelas y tan gatas, pero dende entonces parece que hubieran traído la bendición de Dios. La mestra me las quiere y les cuece la ropa, el Político les da sus cincos, el Cura me las pide pa paralas con naguas de puros linoses y antejuelas en el altar pal Corpus y, pa los días de la Semana Santa, las sacan en la procesión arrimadas al Nazareno y al Santo Sepulcro; pa la Nochebuena las mudan con muy bonitos vestidos y las ponen en el portal junto a las Tres Divinas. Y todos los costos son de bolsa de los mantenedores, y siempre les dan su medio escudo, gu bien su papel de a peso gu otra buena regalía. ¡Bendito sea mi Dios que las jue a sacar pa su servicio de un tata tan feo como yo...! Lina hasta que está culeca con sus chiquillas, y dionde que aguanta que no se las alabancén. Ya ha tenido sus buenos pleitos con curtidas del vecindario por las malvadas gatas.

Interrumpí a ñor Cornelio temeroso de que el panegírico no tuviera fin, y lo hice volver al carril abandonado.

-Bien, ¿pero idiái?

-¿Idiái qué? ¿Pos no ve que jue por haber ispiao la mama el clis de sol por lo que son canelas? ¿Usté no sabía eso?

-No lo sabía, y me sorprende que usted lo hubiera adivinado sin tener ninguna instrucción.

-Pa qué engañalo, don Magón. Yo no juí el que adevinó el busiles. ¿Usté conoce a un mestro italiano que hizo la torre de la iglesia de la villa: un hombre gato, pelo colorao, muy blanco y muy macizo que come en casa dende hace cuatro años?

-No, ñor Cornelio.

-Pos él jue el que m'explicó la cosa del clis de sol.

Acuarela

Rafael Ángel Troyo

Entre las dos torres de la vieja catedral, donde crecen las solitarias siemprevivas, una cigüeña dormita silenciosa.

Abajo, las calles solariegas y estrechas, con sus antiguas casas de piedra, y sus anchos balcones de hierro. Allá lejos... tras las colinas, se hunde el sol, como una hostia de luz... En la dulce languidez de la tarde, el aire es fresco y huele a montaña. De pronto suenan las campanas del vetusto campanario, las campanas broncas y las de plañidero son. La cigüeña escucha atenta, sacude las alas perezosa, alarga el cuello, y vuela, vuela descendiendo oblicuamente como si bajara a detenerse sobre la fuente de la plaza, donde dos mujeres llenan de agua sus cántaros de barro. Luego, el ave describe un amplio círculo y trazando espirales lentamente se eleva en el espacio...

Y aquella cigüeña de largo cuello, de alas angostas y puntiagudas, y de patas luengas y juntas, parece una cruz de plata, una cruz que el huracán hubiese arrebatado a la Iglesia.

En la calle, una vieja que camina sacudida por el viento, se santigua al toque de oración, y rezongando, rezongando se aleja...

Y el ave, en el bello paisaje de aquel crepúsculo, es también como una caprichosa cigüeña pintada en la acuarela de un biombo chino.

Y después, cuando las sombras arropan los carcomidos torreones de la Iglesia, que semejan dos fantasmas en la noche, la cigüeña desciende, pósase pensativa cerca un grifo de hierro, y allí, con el cuello encogido y una pata bajo el ala, esponja su blanquísimo plumaje, y simula una alba magnolia entre la ruinosa arquitectura de la vieja Catedral.

Sevilla

Ricardo Fernández Guardia

No ha visto maravilla
Quien no ha visto a Sevilla

En este siglo de exasperante materialismo, de frío progreso, en que nada hay digno de respeto para el pico demoledor, ni cosa alguna para cuya hechura no exista una horrible máquina de patente, es empresa muy ardua dar con un pueblo virgen aún de la moderna fiebre destructora. Allá en el corazón de Andalucía vive uno que se defiende heroicamente de las embestidas del monstruo insulso de lo nuevo: Sevilla.

Sevilla es la ciudad poética por excelencia. Llena de leyendas y tradiciones, todo en ella es artístico, profundamente original. Sus monumentos y sus casa, sus torcidas callejuelas, las mujeres, el sol, el cielo son allí distintos; el aire mis parece que fuera otro, un aire sevillano hecho adrede para los pulmones de sus habitantes. Al rayar del alba aún se ven deslizarse sobre las baldosas de sus calles, las sombras conquistadoras de los Tenorios de los siglos que fueron; y cuando la luna deja caer su luz pálida sobre las floridas azoteas de sus casas blancas, acuden a ella presurosas la almas de todos los poetas que han muerto, a contar deliciosas historias de amor, reunidas en fantástico aquelarre. Sevilla es el refugio de la poesía y del arte, el recuerdo vivo de las edades muertas. Sevilla no se parece a ninguna otra ciudad del mundo. Sevilla es Sevilla.

Algunos creen que la ciudad favorita del Islam está encantada, y yo lo dudo, porque la existencia del hechizo es evidente, palpable. Su maravilloso influjo es tal, que a ninguno es dado librarse de él. El extranjero que pisa la tierra sevillana siente al punto el contagio: una ola de sangre calurosa se precipita por las venas de su cuerpo, y sentimientos de un género desconocido hacen vibrar dulcemente las cuerdas íntimas de su alma. El más frío y flemático se trueca en un decir amén en colegial enamorado y dispuestos a entregar su corazón sin vacilar, a la primera muchacha de ojos negros que se encuentre a la vuelta de una esquina. Sevilla es la patria del amor.

Esbelta y ligera como una saeta disparada al cielo, álzase en medio de la Giralda, la torre sin rival, el alminar de Yacub ben Yusuí: allí está el hechizo. La Giralda es la vara del nigromante bajo cuyo poder vive la reina del Guadalquivir; en sus cimientos, embutido en el capitel de una vieja columna romana, se oculta el maravilloso talismán. Sevilla morirá cuando la Giralda se desplome; pero la Giralda es imperecedera, como el arte, como la poesía. Ochocientos años han pasado ya sobre ella, y lejos de envejecer cada día está más nueva, más hermosa, como si ayer hubiera salido de manos del artífice. Numerosas rampas de fácil ascenso conducen a la plataforma altísima del gracioso alminar. Desde allí se goza del fascinador encanto que desprende de Sevilla y de una ojeada se abarca el panorama de la ciudad y el paraíso que la rodea.

Hacia un lado el verde campo de Tablada, no muy lejos el Guadalquivir famoso y la Torre de Oro, al Occidente el Ajarafe de los sarracenos, el territorio más fértil y hermoso de la tierra, con sus bosques de higueras y olivos y sus blancos caseríos; a lo lejos Castilleja, entre cuyos muros expiró miserable el conquistador de unos de los imperios más grandes del mundo, el bizarro Hernán Cortés. Al pie de la torre yace grandiosa la inmensa mole gótica de la Catedral donde tantas generaciones han orado, y cuya magnificencia y enormidad sobrepujan al soberbio deseo que manifestó uno de los prebendados cuando se trataba de construirla: *Hagamos –dijo– una iglesia tan grande, que los que la vieren acabada nos tengan por locos.* Cuadros de Murillo y de Zurbarán, alhajas de riqueza fabulosa, esculturas admirables, altares y verjas que pasman, sepulcros magníficos; todo lo que el arte y el oro pueden acumular debajo de las bóvedas de un templo maravilloso, hállase con profusión en la catedral sevillana. La Biblioteca Colombina, fundada por un hijo del inmoral descubridor de América, también está en su recinto.

Cerca de la Catedral está el Alcázar, un palacio de cuento, de la Alhambra. Fríos y altos muros guardan celosos los tesoros del interior, maravillas creadas por la imaginación delirante de los artistas sarracenos. Muros cubiertos de arabescos tan lindos que parecen modelados por las manos pequeñísimas y habilidosas de las hadas, azulejos inimitables, columnas de mármol de imponderable esbeltez, bóvedas que deslumbran, arcos de caprichosa estructura, tenues como finísimo encaje, y de curvas tan ligeras que diríase trazadas por el vuelo de los pájaros, ricos techos de maderas exóticas incrustadas de marfil, mármoles de cien colores; en fin, un palacio de ensueño donde se oye resonar todavía el eco de las panderetas de las sultanas y la extraña modulación de sus cantos llenos de ardiente poesía.

Y así como no hay mujer linda sin luengos cabellos, no hay palacio sin jardines. Los del Alcázar son maravillosos; por todas partes flores, naranjos y fuentes, alamedas de cuyo suelo brotan mi chorritos de agua al capricho de una llave, obscuras enramadas que refresca la brisa con soplo suavísimo, deliciosos rinconcitos que guardan aún el susurro de los besos de las moras ardorosas. Oculta a medias por frondosos árboles, asoma la entrada de los baños regios que vieron reflejarse las frescas y sonrosadas carnes de doña María de Padilla en las cristalinas aguas que solían beber el rey don Pedro y sus cortesanos, después de bañarse en ellas la hermosa favorita; enfrente el precioso cenador de Carlos V, por allá el estanque del jardín de la Danza, y en cada sala del palacio, en cada alameda de los jardines, evocando un mundo de recuerdos, mil leyendas y tradiciones que hacen del Alcázar un ser animado que vive y respira, que siente y ama.

Torciendo la vista a la derecha aparece con toda la fría majestad de su severa arquitectura la antigua Lonja, hoy Archivo de Indias. Allí, descansando en magníficos estantes de caoba y oculta en las páginas de viejos y polvorientos manuscritos, está la historia de la más grande epopeya que han visto los siglos: la conquista de América. Más allá el palacio de San Telmo con sus tupidos bosques de naranjos. A orillas del Guadalquivir, el renombrado Paseo de las Delicias, lleno de efluvios primaverales y de árboles que dejan caer sobre los transeúntes una lluvia de flores perfumadas y blancas.

Y por todos lados, sin que haya tiempo de fijar en ellos la vista, aparecen palacios, iglesias, jardines y conventos, restos gloriosos de la grandeza de otros tiempos en que no había progreso ni había yanquis, y que por desgracia no volverán. La casa de Pilatos, espléndida mansión perteneciente a los duques de Medinaceli, que a semejanza de la casa del pretor romano se propuso construir a su vuelta de la Tierra Santa el adelantado Per Enríquez, y que terminó el primer duque de Alcalá D. Per Afán de Ribera. El Ayuntamiento con sus tres fachadas platerescas, de las cuales una resulta un prodigio con sus festones del Renacimiento. El Hospital de la Caridad fundado por don Miguel de Mañara, el impío caballero de Calatrava que vio una noche desfilar su entierro a la luz de las antorchas, el don Juan de carne y hueso que, arrepentido y contrito, fue después piadoso y santo. La Plaza de Toros, cuya línea curva se dibuja en lontananza, el teatro donde se representa el espectáculo sangriento favorito de los españoles, bárbaro si quiere, pero que conmueve y enardece, apoteosis del valor, de la fuerza y la destreza, tres cosas que cautivan a los pueblos varoniles. El Puente de Triana tan admirado por los sevillanos, y por el cual desfila todas las tardes, a la hora en que detrás de él se hunde el sol en el río, la cigarrera de andar voluptuoso, mirada provocante y flor en el moño, la que lleva siempre fuego en el pecho, y en los labios, pronto a dispararse como un cohete, el dicharacho agudo, mujer incomparable, mezcla de gracia y desvergüenza.

Y luego como un gran lienzo extendido el blanco caserío, cortado caprichosamente por callejas que serpentean; azoteas cuajadas de tiestos multicolores, columnas y patios de mármol, fuentes que refrescan el aire y flores que embalsaman, paredes blancas, ajimeces y balcones por entre cuyas rejas asoman caras encantadoras y ojos de mirar profundo, atrayentes como el abismo, plazas sombreadas por altas palmeras que recuerdan el Oriente; y dando vida y calor a este cuadro hechicero, la indolente y abigarrada población sevillana; la mujer de cháchara picante, bella y ardiente, que se engalana con la graciosa mantilla, el torero de aire conquistador y perdonavidas, el mendigo con pujos de hidalgo ofendido, la *flamenca* de ancha bata de larga cola, mantón chinesco terciado con *la gracia de Dios,* tufos y moño retorcido, en medio del cual se ve plantado un hermoso clavel, como nadie en el mundo lo sabe hacer; el airoso jinete montado en soberbio potro jerezano, el aguador con su botijo y su cantinela de agua fresca. Y encima de todo un sol esplendoroso, el que da perfumes a las flores e inspiración a los poetas, el que enciende ardientes pasiones en el pecho de las mujeres y dora las uvas de Jerez.

Dichosa Sevilla, tierra de poesía que adormitas y sueñas tranquila en medio del bullicio y de la fiebre que a los modernos pueblos consume. ¿Lograrás escapar del bárbaro progreso? ¡Ay! no lo creo. El terrible mostruo todo lo destruye, todo lo devora. Un día llegará ¡terrible día! En que cuadrillas de salvajes, armados de asquerosos instrumentos, destriparán sin piedad tus casitas blancas, para trazar monótonas y rectas avenidas; hedionda y espesa humarada empañará el azul purísimo de tu cielo; el Guadalquivir glorioso arrastrará tristemente sus aguas amarillentas, villanamente aprisionado entre muros de sillería; el viejo Alcázar caerá en manos de cualquier Bárnum que lo convertirá en un museo de figuras de cera, y la Giralda vendrá a ser chimenea de una fábrica de cerillas. Las mozas de Triana y la Macarena, olvidadas del voluptuoso tango y la seguidilla vivaracha, sólo sabrán bailar el indecente cancán. Habrá *meetings* y socialistas, y hasta se verá a un sevillano sobre una mesa, para otra cosa que no sea bailarse un jaleíto de los bueno. De las mantillas nadie se acordará y serán reemplazadas por el gorrito chabacano de la costurera francesa; y cuando algún erudito exclame al ver pasar una mujer linda *¡Olé, salero, viva tu madre!* Será conducido inmediatamente a la prevención por ultrajes a las buenas costumbres.

Cuando todo esto suceda Sevilla será una ciudad altamente civilizada, navegará viento en popa en aguas del progreso, según lo entienden muchos que pasan desdeñosos y sin detenerse frente a una pintura de Velázquez o de Murillo, parándose luego extasiados y boquiabiertos ante una máquina de hace chorizos procedente de Chicago. Progresistas estúpidos, gusanos roedores de todo lo que no es brutalmente material, asesinos del arte y de la poesía, burgueses rellenos con tocino, que tienen por corazón un estropajo.

Sevilla tiene conciencia de su gran felicidad y se defiende valerosamente contra los que procuran arrebatársela. El hombre más dichoso no es el que pretende volver al mundo al revés, sino el que vive resignado y contento con su suerte; es el sevillano indolente para quien el mundo acaba en la última casa de la ciudad que le vio nacer, el que sabe ahogar sus penas con dos cañas de pálida manzanilla; y si lo que llaman progreso ha de arrebatarle esa felicidad envidiable para lanzarlo en el torbellino horrible de la lucha por la vida y de la reforma social, bien hace en mandar al tal sujeto a la punta de un cuerno. Pero al fin sucumbirá Sevilla bajo los golpes del fabricante de calcetines; y cuando se haya perpetrado el crimen, cuando sólo quede ya la memoria de que en aquel sitio vivió una ciudad maravillosa, toda amor y poesía, vendrán entonces los poetas, si todavía los hay, a buscar vago recuerdo de las muertas canciones andaluzas y del tañido plañidero de las guitarras, en el melancólico zumbido del viento por entre los naranjos del Guadalquivir.

Los Autores

Carlos Gagini Chavarría (San José, 15 de marzo de 1865 - 31 de marzo de 1925) fue un escritor costarricense de ascendencia suiza. Se distinguió como educador y dirigió varios establecimientos de enseñanza, entre ellos el más destacado, el Liceo de Costa Rica. Notable filólogo, escribió un celebrado Diccionario de costarriqueñismos sobre los localismos de Costa Rica y otras obras sobre gramática y vocabulario; también estudió las lenguas indígenas de Costa Rica.

Carmen Lyra, seudónimo de María Isabel Carvajal Quesada (San José, Costa Rica, 15 de enero de 1887 - Distrito Federal, México, 14 de mayo de 1949) fue una escritora, pedagoga y política costarricense. Es considerada una de las escritoras más entrañables y significativas de la literatura costarricense. Se le ha señalado como la fundadora de la narrativa de tendencia realista en Costa Rica. Su obra más conocida es Cuentos de mi tía Panchita, una serie de cuentos infantiles publicados en 1920, una de las obras literarias más importantes de la literatura costarricense. Además, escribió obras de teatro, ensayos políticos y las novelas En una silla de ruedas y Las fantasías de Juan Silvestre.

Rafael Ángel Troyo Pacheco (Cartago, 18 de junio de 1870 - 4 de mayo de 1910) fue un novelista, cuentista, poeta y músico costarricense. Se le considera uno de los introductores del modernismo en el país, y uno de las figuras más excelsas de la cultura costarricense y cartaginesa surgida durante finales del siglo XIX e inicios del siglo XX.

Ricardo Fernández Guardia (Alajuela, 4 de enero de 1867 - San José, 25 de febrero de 1950) fue un escritor, político y diplomático costarricense. A pesar de su vasta obra escrita y de haber incursionado simultáneamente en varios campos de la expresión escrita, su preocupación por la pureza del idioma y la estructuración lógica de la expresión de sus ideas conforman una unidad de estilo sin precedentes en letras costarricenses.

Manuel González Zeledón, conocido como Magón (San José, 24 de diciembre de 1864 - 29 de mayo de 1936) fue un escritor costarricense, promotor de la cultura y literatura del país. Fue autor de un notable número de cuentos y cuadros de costumbres, que permiten ver la vida y personalidad del pueblo costarricense.

www.ingramcontent.com/pod-product-compliance
Ingram Content Group UK Ltd.
Pitfield, Milton Keynes, MK11 3LW, UK
UKHW021938190726
13853UKWH00004B/1517